Çocuk Hakları

Gülücükler Şatosu

Aleix Cabrera

Resimleyen: Rosa M. Curto

Çeviri: Adem Uludağ

TÜBİTAK POPÜLER BİLİM KİTAPLARI

TÜBİTAK Popüler Bilim Kitapları 533

Çocuk Hakları 9 - Gülücükler Şatosu
Children's Rights 9 - The Castle of Smiles
Aleix Cabrera
Resimleyen: Rosa Maria Curto

Çeviri: Adem Uludağ
Redaksiyon: Şermin Korkusuz

© GEMSER PUBLICATIONS S.L., 2011
C/Castell, 38; Teià (08329) Barselona İspanya (Dünya hakları)
Tel: 93 540 13 53 e-posta: info@mercedesros.com
www.mercedesros.com
© Türkiye Bilimsel ve Teknolojik Araştırma Kurumu, 2012

Bu yapıtın bütün hakları saklıdır. Yazılar ve görsel malzemeler,
izin alınmadan tümüyle veya kısmen yayımlanamaz.

TÜBİTAK Popüler Bilim Kitapları'nın seçimi ve değerlendirilmesi
TÜBİTAK Kitaplar Yayın Danışma Kurulu tarafından yapılmaktadır.

ISBN 978 - 975 - 403 - 771 - 5

1. Basım Haziran 2013 (10.000 adet)

Genel Yayın Yönetmeni: Dr. Zeynep Ünalan
Yayın Yönetmeni: Dr. Oğuzhan Vıcıl
Mali Koordinatör: Mehmet Ali Aydınhan
Telif İşleri Sorumlusu: Esra Tok Kılıç

Basım Hazırlık ve Son Kontrol: Şermin Korkusuz
Sayfa Düzeni: Elnârâ Ahmetzâde
Basım İzleme: Yılmaz Özben

TÜBİTAK
Kitaplar Müdürlüğü
Akay Caddesi No: 6 Bakanlıklar Ankara
Tel: (312) 298 96 61 Faks: (312) 428 32 40
e-posta: kitap@tubitak.gov.tr
www.kitap.tubitak.gov.tr
esatis.tubitak.gov.tr

Salmat Basım Yayıncılık Ambalaj San. ve Tic. Ltd. Şti.
Sebze Bahçeleri Cad. (Büyük Sanayi 1. Cad.) Arpacıoğlu İşhanı 95/1 İskitler Ankara
Tel: (312) 341 10 24 Faks: (312) 341 30 50

Gülücükler Şatosu

9. İlke

Çocuk Hakları

Gölgelerle dolu vadideki şatoda çok mu çok tembel bir dev yaşıyordu. Bu dev öyle miskin ve öyle cimriydi ki, her zaman insanların kendisi için karşılıksız çalışmasını isterdi. Bu dev bir gün hayatının en büyük siparişini aldı. Ormandan bin ağaç kesip bunları küçük parçalara bölmesi gerekiyordu. Bunun üzerine o da civar köylerdeki insanları kandırmaya karar verdi.

Dev, tüm çocuklara şatosunun kapılarını açacağını, çocukların hoş bir tatilin keyfini süreceklerini ilan etti. Çocuklara çok leziz yiyecekler ikram edeceğine, çilek, ahududu ve böğürtlen toplamak için ormanı gezdireceğine söz verdi.

Bunları duyan çocuklar durup düşünmeden karar verdiler. Hepsi de şatoya gitmek için can attılar. Ancak çok geçmeden devin onları kandırdığını, tek derdinin, tahtaların kesilip oyulması için ağaç kütüklerinin şatoya taşınması olduğunu anladılar.

Şatoda, çocukların bazıları farklı büyüklükte ve biçimdeki parçalardan şekiller oyuyordu. Diğerleri ise bunları kutulara yerleştiriyor ve teker teker koridora istifliyordu. Dev onları sürekli gözlüyor, bir an bile durmalarına izin vermiyordu.

Kısa süre sonra çocuklar öyle yoruldu ki artık hiçbiri gülmüyor, hatta oyun oynamak bile istemiyordu. Devi kızdırmak istemiyorlar ve çalışmaya sadece bir şeyler yemek ve uyumak için ara veriyorlardı.

Çocuklardan biri, kule gibi yığılan kutuların her sabah ortadan kaybolduğunu gözlemlemişti. "Bir kutunun içine saklanırsam, belki şatodan çıkabilirim," diye düşündü ve saklandı. Saklandığı kutuyu birileri alana dek, hiç kıpırdamadan karanlıkta bekledi.

Ortalık tamamen sessizleşince, kutudan dışarıya baktı. "Of, hâlâ şatodayım!" Şatodan kaçmayı başaramadığını anlamış, hayal kırıklığına uğramıştı. Bulunduğu yer, kutularla dolu çok büyük bir odaydı.

Çok üzgündü. Her şeyi göze almıştı. Böylece, kaçmak için tahtadan bir at yapmaya karar verdi. Farklı parçaları zekice birleştirerek onlara arzu ettiği şekli verdi.

Bu tahta at, eyersiz ve semersiz olmazdı. Kumaş parçaları ve bir iple ata son şeklini verdi. Tam ona binecekken... O da neydi?
"Ayak sesleri! Birileri geliyor."

Tam apar topar saklanmayı başardığı anda içeri giren dev, "Bu da ne böyle?" diye homurdandı. "Kim açtı bu kolileri?"

Dev, daha sonra tahta atı fark etti ve kızgınlığı yerini yavaş yavaş şaşkınlığa bıraktı. Şaşkınlığının yerini ise merak aldı. Dev dokununca, hayvan bir ileri bir geri sallanmaya başladı. Atın zararsız olduğunu anlayınca, o da üstüne binip sallanmaya başladı.

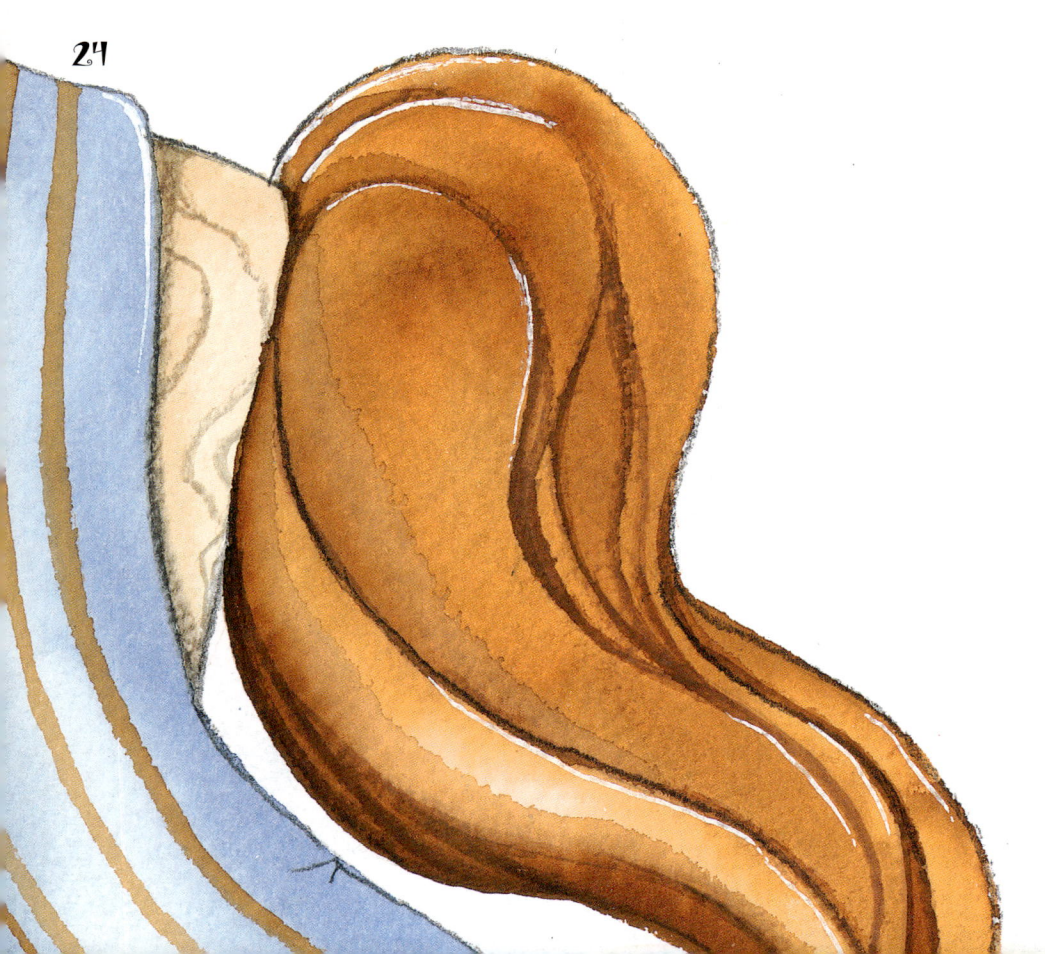

Sallanmanın etkisiyle, dev durmadan gülüyordu. Şatodaki tüm çocuklar kahkahaların geldiği yöne ilerleyerek odaya toplandılar. Saklandıkları yerden devi izliyorlar ve onlar da aynı şeyi yapmak istiyorlardı.

Çocukların gülmeye başladığını gören dev, onları at şeklindeki bu salıncağı denemeleri için yanına çağırdı. Çok geçmeden çocuklar da bu eğlenceye kendilerini kaptırdılar ve devle birlikte kahkahalara boğuldular.

Böylece o gün, çocukların zorla çalıştırıldığı son gün olmuştu. Bundan sonra dev onları gülerken ve çalışmak yerine oynarken görmeyi tercih etti. Bir hata yapmış olduğunu anladı ve siparişini yetiştirmek için vakit kaybetmeden işe koyuldu.

Birkaç gün sonra dev, şatosunu büyük bir oyuncak fabrikasına dönüştürmeye karar verdi. Burada çocuklar oyuncakları denemekten, oynamaktan ve eğlenmekten başka bir şey yapmayacaklardı.

Çocuk Hakları'ndan

9. İlke

Çocuk, her türlü ihmal, zulüm ve sömürüye karşı korunur. Her ne şekilde olursa olsun çocuk ticaret konusu olamaz.

Çocuğun, uygun bir yaş sınırına ulaşmadan önce çalışmasına izin verilemez; hiçbir durumda sağlığına ve eğitimine zarar verecek, bedensel, zihinsel ya da ahlaki gelişimine engel olacak bir işte çalışmasına sebebiyet veya izin verilemez.

Bu öyküde ne yazık ki hâlâ çok yaygın olan çocuk işçiliği sorunundan yola çıkılmıştır. Birleşmiş Milletler'in 2010 yılı istatistiklerine göre, tüm dünyada yaşları beş ile on dört arasında değişen 150 milyon çocuk acınası koşullarda çalışmakta ve bu çocukların haklarına saygı gösterilmemektedir. Öyküdeki çocuklar gibi, işçi çocukların çoğu dinlenme, eğlenme ya da oyun oynama olanağından yoksundur.

Çocuk Hakları Bildirisi

Birleşmiş Milletler Genel Kurulu tarafından, 20 Kasım 1959 tarihli 1386 (XVI) sayılı resmi karar olarak kabul edilmiştir.

GİRİŞ

I. Birleşmiş Milletler halkları Birleşmiş Milletler Antlaşması'nda temel insan haklarına, insanın onuruna ve değerine olan inançlarını yinelediği ve daha geniş bir özgürlük içerisinde toplumsal ilerleme ve daha iyi yaşam koşulları sağlama yönünde karar almış olduğu için,

II. Birleşmiş Milletler, İnsan Hakları Evrensel Beyannamesi'nde ırk, renk, cinsiyet, dil, din siyasi ya da başka bir görüş, ulusal veya toplumsal köken, mülkiyet, doğum veya başka bir durumdan kaynaklanan bir statüye göre herhangi bir ayrım yapılmaksızın herkesin bu metinde ortaya konan tüm hak ve özgürlüklere sahip olduğunu ilan etmiş olduğu için,

III. Çocuk, henüz fiziksel ve zihinsel erginliğe ulaşmamış olduğundan, doğum sonrasında olduğu gibi doğum öncesinde de uygun yasal koruma da dahil olmak üzere, özel tedbirlere ve bakıma gereksinim duyduğu için,

IV. Söz konusu özel tedbirlerin gerekliliği 1924 tarihli Cenevre Çocuk Hakları Bildirisi'nde belirtildiği ve İnsan Hakları Evrensel Beyannamesi'nde ve çocukların refahı ile ilgilenen uzman kuruluşların ve uluslararası örgütlerin statülerinde tanınmış olduğu için,

V. İnsanlık, çocuğa verebileceğinin en iyisini borçlu olduğu için,

VI. Genel Kurul, çocuğun mutlu bir çocukluk geçirmesi ve hem kendisinin hem de toplumun iyiliği için bu metinde ortaya konan hak ve özgürlüklerden yararlanması amacıyla bu Çocuk Hakları Bildirisi'ni ilan eder ve ana babaları ve kadın erkek tüm bireyleri, gönüllü organizasyonları, yerel makamları ve ulusal hükümetleri bu hakları tanımaya ve bu hakların gözetimi için aşağıdaki ilkeler doğrultusunda sürekli olarak alınacak yasal ya da başka türlü önlemlerle çaba göstermeye çağırır.

1. İlke
Çocuk, bu Bildiri'de ortaya konan tüm haklara sahiptir. Her çocuk, kendisinin ya da ailesinin sahip olduğu ırk, renk, cinsiyet, dil, din, siyasi ya da başka bir görüş, ulusal veya toplumsal köken, mülkiyet, doğum veya başka bir durumdan kaynaklanan bir statüye göre herhangi bir ayrım yapılmaksızın bu haklara sahiptir.

2. İlke
Çocuk, özel olarak korunma hakkına sahiptir; yasalarla ve başka yollarla, sağlıklı ve ölçülü bir biçimde, özgür ve onurlu bir birey olarak bedensel, zihinsel, ahlaki, manevi ve sosyal gelişimini mümkün kılacak fırsat ve kolaylıklardan yararlandırılır. Bu amaçla çıkarılacak yasalarda, çocuğun en yüksek çıkarları önceliğe sahiptir.

3. İlke
Çocuğun doğduğu andan itibaren bir isme ve vatandaşlığa sahip olma hakkı vardır.

4. İlke
Çocuk sosyal güvenlik olanaklarından yararlanır.
Çocuk sağlıklı bir şekilde gelişme ve yetişme hakkına sahiptir. Bu amaçla hem kendisine hem de annesine, doğum öncesi ve doğum sonrası yeterli bakımı da içeren, özel bakım ve koruma sağlanır. Çocuk yeterli beslenme, barınma, eğlenme, dinlenme ve sağlık hizmetlerinden yararlanma hakkına sahiptir.

5. İlke
Fiziksel, zihinsel ve sosyal açıdan engelli çocuğa kendi durumunun gerektirdiği özel tedavi, eğitim ve bakım sağlanır.

6. İlke
Çocuğun kişiliğinin tam ve uyumlu gelişmesi için sevgi ve anlayışa gereksinimi vardır. Çocuk her nerede mümkünse orada ebeveynlerinin bakım ve sorumluluğu altında ve her durumda ilginin, ahlaki ve fiziki güvenliğin sağlandığı bir ortamda yetiştirilir. Bakıma muhtaç küçük çocuklar, istisnai durumlar dışında, annesinden ayrılamaz. Aileden ve yeterli destekten yoksun çocuklara özel bakım sağlamak, toplum ve kamu makamlarının ödevidir. Kalabalık ailelerin çocuklarının bakımı için resmi ödenek ve sair desteğin sağlanması gerekmektedir.

7. İlke
Çocuğun, en azından temel eğitim aşamasında parasız zorunlu eğitim almaya hakkı vardır. Çocuğa, genel kültürünü arttıracak, fırsat eşitliği temelinde yeteneklerini, bağımsız karar alma gücünü, ahlaki ve toplumsal sorumluluk duygusunu geliştirecek ve topluma yararlı bir birey haline gelmesini sağlayacak bir eğitim verilir.

Çocuğun eğitiminden ve ona rehberlik etmekten sorumlu olanlar için yol gösterici ilke, çocuğun menfaatidir. Bu sorumluluk en başta çocuğun anne babasına aittir.

Çocuğa, eğitimiyle aynı amaçlara yönelik olması gereken oyun ve eğlence için her türlü olanak sağlanır; toplum ve resmi makamlar çocuğun bu hakkı kullanmasını sağlamak yönünde çaba sarf edecektir.

8. İlke
Çocuk her durumda koruma ve yardımdan ilk yararlanacaklar arasındadır.

9. İlke
Çocuk, her türlü ihmal, zulüm ve sömürüye karşı korunur. Her ne şekilde olursa olsun çocuk ticaret konusu olamaz.

Çocuğun, uygun bir yaş sınırına ulaşmadan önce çalışmasına izin verilemez; hiçbir durumda sağlığına ve eğitimine zarar verecek, bedensel, zihinsel ya da ahlaki gelişimine engel olacak bir işte çalışmasına sebebiyet veya izin verilemez.

10. İlke
Çocuk etnik, dinî veya başka her türlü ayrımcılığı teşvik edebilecek uygulamalardan korunur. Anlayış, hoşgörü ve halklar arasında dostluk, barış ve evrensel kardeşlik ruhuyla, gücünü ve yeteneklerini insanlığın hizmetine adaması gerektiği bilinciyle yetiştirilir.

Çocuk Hakları

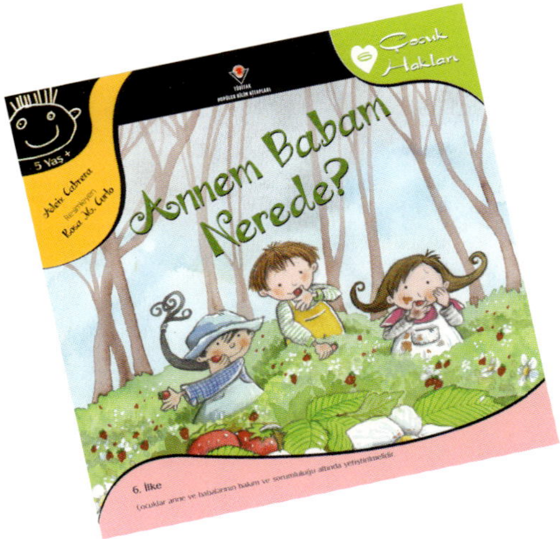

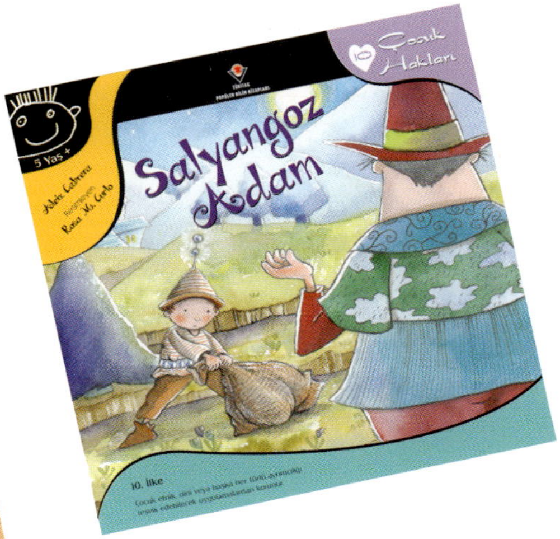